HOPPY EASTER

Copyright ©2021 by Activity Lover Press
All rights reserved.

ARE YOU READY TO PLAY?

LET'S START! GOOD LUCK!

I Spy and Count

I spied...

6

7

5

9

I Spy and Count

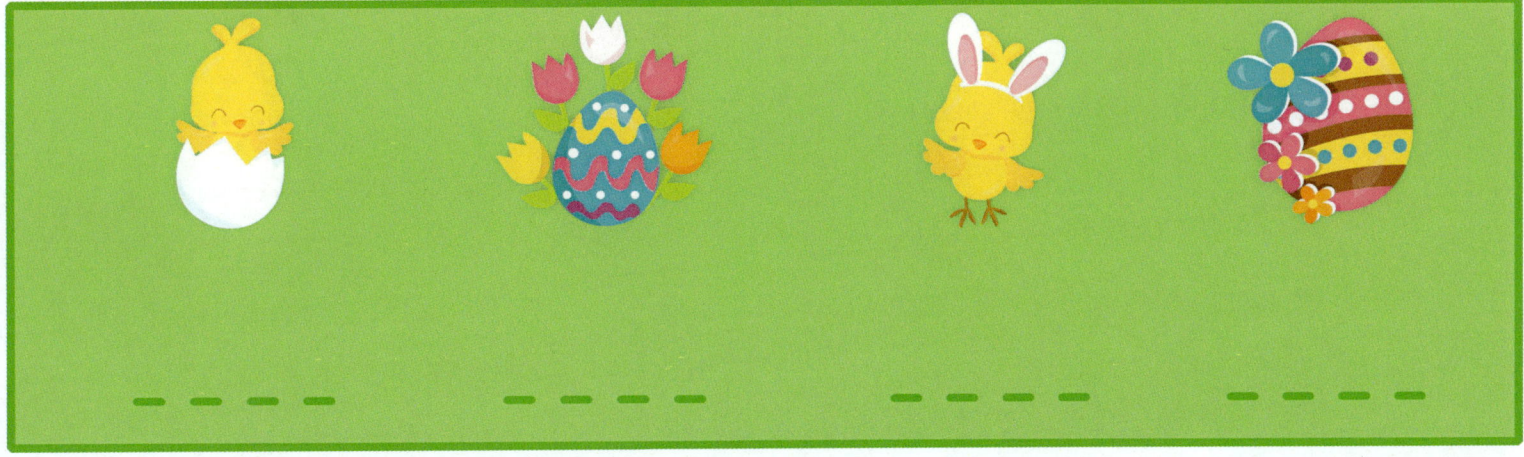

I Spied...

5

5

7

6

I spy and count

I spied...

6

4

7

3

I Spy and Count

I Spied...

7

4

6

4

I spy and count

I spied...

6

6

7

10

I Spy and Count

I spied...

I spy and count

I spied...

9   4

8   6

I Spy and Count

I spied...

5

4

5

3

I Spy and Count

I Spied...

3

6

5

5

I Spy and Count

____   ____   ____   ____

I Spied...

8   4

7   6

I Spy and Count

____   ____   ____   ____

I spied...

4

7

5

7

I Spy and Count

_ _   _ _   _ _   _ _

I Spied...

5

8

4

2

I Spy and Count

I spied...

10   3

9   6

I Spy and Count

I spied...

🐤	3	🐰	6
🥚	7	🐥	4

I spy and Count

I spied...

8   7

5   2

I spy and count

I Spied...

🐰	5	🌼	4
🥕	5	🥚	6

I spy and Count

I spied...

6

7

5

5

I spy and Count

I Spied...

5

10

4

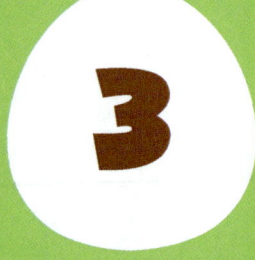

3

I Spy and Count

_ _ _ _   _ _ _ _   _ _ _ _   _ _ _ _

I Spied...

🐰	9
🐰	7
🐰	5
🐰	3

I spy and Count

I Spied...

6 4

5 3